# Herzlichen Glückwunsch zum Geburtstag!

Bevor der Alltag nach dem Festtag wieder beginnt, bleiben Sie einen Augenblick stehen. Nehmen Sie sich die Zeit, über verschiedene Wege nachzudenken, die Ihr Leben geprägt haben oder noch prägen.
Dieses Heft soll Ihnen beim Nachdenken helfen, es soll Ihre Gedanken in Bewegung bringen.
Wir wünschen Ihnen, daß Sie im neuen Lebensjahr auf einem guten Weg gehen, daß Sie nicht vom Weg abkommen. Und was noch viel wichtiger ist: Wir wünschen Ihnen, daß Gott Ihnen auf Ihrem Weg entgegenkommt und jeden Schritt mitgeht.

# Fröhliche Wege

Ein schöner Weg. Er erinnert mich an schöne Augenblicke in meinem Leben. Da gab und gibt es Zeiten, in denen kommt es mir vor, als würde immer nur Sonne auf meinem Weg scheinen.
Ich bin glücklich und gehe mit leichten Schritten; manchmal möchte ich laufen, springen oder sogar tanzen.
Viele fröhliche Wege gehe ich zu zweit, mit einem Weggefährten, einem Partner an meiner Seite.
Die Arbeit geht mir leicht von der Hand, ich mache meinen Weg, habe Erfolg und sehe die Früchte meiner Arbeit. Wie die Blumen am Wegesrand.
Ich wünsche mir, alle meine Wege wären solche fröhlichen, unbeschwerten Wege. Und ich danke für jeden Tag, den ich auf einem schönen Weg gehen kann.

# Lange Wege

Auch solche Phasen gibt es in meinem Leben: Da ist der Weg eindeutig, aber lang und mühsam zu gehen. Was ist, wenn meine Kraft auf diesem Weg nicht ausreicht? Wie leicht bin ich mit meiner Kraft am Ende.

Der Weg ist noch weit. Jeder Schritt ist anstrengend, nichts macht mehr Freude. Und in mir steckt eine große Sehnsucht: nach besseren Zeiten, nach neuem Mut und neuem Antrieb.

Leichter wird so ein Weg, wenn ich nicht allein gehe, wenn ich Weggefährten habe. Freunde, die lange Wege in meinem Leben mitgehen oder mitgegangen sind, sind unendlich kostbar. Wie gut tut es, wenn mir jemand unterwegs die Hand auf die Schulter legt und sagt: „Du bist nicht allein."

*Kein Weg ist lang*
*mit einem Freund an der Seite.*
Japanisches Sprichwort

# Unsichere Wege

Ein Bild für mein Leben ist dieser Weg:
ein Weg mit vielen Kurven, unübersicht-
lich und manchmal gefährlich.
Denn ich kann nicht absehen, was mich
erwartet – hinter der nächsten Biegung.
Bedrohlich nahe kommen mir die Felsen;
sie rauben mir die Sicht. Dabei möchte
ich doch zu gern wissen, wo es langgeht.
Manches Problem stellt sich mir in den
Weg: eine Krankheit, ein unangenehmes
Gespräch, schwierige Entscheidungen.
Aber bei allem, was auf mich zukommt,
darf ich wissen:
Ich bin nicht allein.

*Befiehl dem Herrn deine Wege*
*und hoffe auf ihn,*
*er wird's wohlmachen.*
Psalm 37,5

1. *Be - fiehl* du dei - ne We - ge
der al - ler - treu - sten Pfle - ge

und was dein Her - ze kränkt
des, der den Him - mel lenkt. Der

Wol - ken, Luft und Win - den gibt We - ge,

Lauf und Bahn, der wird auch We - ge

fin - den, da dein Fuß ge - hen kann.

# Wackelige Wege

Manchmal wird der Weg, auf dem ich gehe, unsicher. Der Untergrund fängt an zu schwanken; mir wird schwindelig vor Augen, und meine Knie werden weich.

Es besteht die Gefahr, daß ich das Gleichgewicht nicht halten kann. Wege dieser Art geht kaum einer besonders gern. Zu leicht verliere ich den Halt. Wer kann mir helfen, wer hält mich fest?

Auf solch einem wackeligen Weg bittet der Psalmbeter:

*„Erhalte meinen Gang auf deinen Wegen,*
*daß meine Tritte nicht gleiten."*
Psalm 17,5

# Dunkle Wege

Leider kommen auch Zeiten in meinem Leben, in denen die Dunkelheit überwiegt. Um mich herum ist es finster, und es zeigt sich kein Ausweg.
Ich weiß weder aus noch ein…
Wenn ich in so einem Tunnel stecke, sind zwei Dinge wesentlich: Ich brauche Menschen, die diesen schweren Weg mittragen, die mir beistehen und helfen.
Und, was noch viel wichtiger ist:
Ich brauche einen, der den Überblick hat, der mir den Weg zeigt aus der Dunkelheit, aus der Ausweglosigkeit.
Einen, der mir einen freien Raum schafft, in dem ich wieder atmen kann.
Dietrich Bonhoeffer sagt:
„Keinen Weg läßt Gott uns gehen, den er nicht selbst gegangen wäre und auf dem er uns nicht vorausginge."

# Sichere Wege

Der Herr gibt meinem Schritt
Klarheit, Sicherheit und Kraft.
Er ist selbst der Weg,
auf dem ich gehen kann,
so daß ich mein Ziel nicht verfehle.

Er behütet mich,
auch wenn ich meine,
er sei weit weg von mir,
er sehe mich nicht
und höre mein Gebet nicht.

Er ist ganz dicht neben mir,
über mir, um mich her.
Er behütet mich.
Er schläft nicht.
Er ist kein  Mensch,
der zu müde wäre, zu behüten.

aus Psalm 121, übertragen von Jörg Zink

Christ ist der Weg,
das Licht, die Pfort,
die Wahrheit und das Leben,
des Vaters Rat und ewigs Wort,
den hat er uns gegeben
zu einem Schutz,
daß wir mit Trutz
an ihn fest sollen glauben;
darum uns bald
kein Macht noch G'walt
aus seiner Hand wird rauben.

Lazarus Spengler 1524